LE
PRIX
DE LA BEAUTÉ
OU
LES COURONNES
PASTORALE
en trois Actes,
a un Prologue.
Ecrit par Meunier
Martinet Jnv
Martinet Sculp

LE PRIX DE LA BEAUTÉ,

OU

LES COURONNES,

PASTORALE EN TROIS ACTES,

ET UN PROLOGUE,

AVEC DES DIVERTISSEMENS,

SUR DES AIRS CHOISIS ET NOUVEAUX.

A PARIS,

Chez DE LORMEL, Imprimeur-Libraire, rue du Foin,
à Sainte Geneviéve.

Et se vend aussi aux Spectacles.

M. D. C. C. LX.

AVEC APPROBATION ET PERMISSION DU ROI.

A

SON EXCELLENCE
MADAME
LA PRINCESSE
DE GALLICIN.

ADAME,

Le goût que vous avez montré pour nos Spectacles,
le sentiment que l'on vous y voit chercher & préférer

a ij

aux différentes frivolités qui s'y rencontrent, l'estime que vous faites des talens, les bontés dont vous voulés bien m'honorer : tout m'engage à vous offrir l'essai de cette Pastorale que je n'ai l'honneur de vous présenter que comme un ensemble de Vaudevilles & Airs choisis ; trop heureux si quelques-uns d'eux peuvent vous amuser un instant, & vous faire agréer le profond respect avec lequel j'ai l'honneur d'être,

MADAME,

Votre très-humble,
& très-obéissant,
Serviteur.

G***

AVIS DE L'ÉDITEUR.

L'ON ne préſente point au Public cette Paſtorale comme une Piece, mais comme un eſſai qui pourroit ſervir à en compoſer une, & comme un enſemble de Couplets & d'Airs choiſis qui pourroient amuſer quelques Sociétés. C'eſt pourquoi l'on n'a pas cru devoir élaguer quelques Scenes & des monologues qui feroient des longueurs à la repréſentation. Comme il feroit facile cependant de faire de cet Ouvrage un Spectacle de Sociétés, ou autre, à peu de choſe près, dans l'état où il eſt les Perſonnes qui feront dans le cas de le deſirer, pourront alors faire tout ce qui leur plaira, ſi elles veulent s'en donner la peine.

L'on prévient auſſi qu'il a paru dans le Public pluſieurs des Couplets que l'on y trouvera, l'Auteur en ayant donné à des Amis qui en ont répandu des Copies peu correctes, & qui d'ailleurs ont été retouchés depuis. L'on y trouvera quelques imitations ou traductions libres de certains Ouvrages Italiens connus, entr'autres, *le Baiſer de Cloris*, &c. Au reſte l'Auteur qui n'a cherché qu'à amuſer quelques Sociétés & s'amuſer lui-même, n'ayant point voulu ennuyer qui que ce ſoit par la repréſentation, ne s'eſt décidé à le mettre au jour de l'impreſſion qu'à la ſollicitation de quelques amis ; & comme il ne prétend s'en faire aucun mérite, qu'il eſt même perſuadé qu'il ne s'y en trouve aucun , il l'abandonne volontiers à toutes les cenſures.

LE PRIX DE LA BEAUTÉ,

OU

LES COURONNES,

PASTORALE.

ACTEURS DU PROLOGUE.

L'AMOUR.

LES GRACES.

LES RIS, LES JEUX & LES PLAISIRS.

LES SAISONS.

UN PRINCIPAL BERGER.

UNE JEUNE BERGERE.

BERGERS & BERGERES.

La Scene est dans une Prairie agréable.

Au Sceptre de l'amour tout amant doit hommage,
Ce Sceptre est fait avec des Fleurs,
Et de la majesté le plus bel appanage,
Est de Regner sur tous les Cœurs.

Gravé par Marillier.

C'est à cet autel qu'on s'engage)
Et que l'on choisit un vainqueur
l'On n'y voit point d'amant volage)
Parjurer le don de son Cœur.

Berger, un peu de patience .
Ne trouble point ce beau sommeil
Attends encore? ton heure avance ;
Esperes tout de son Reveil ?

La simple Nature
Forme icy les mœurs; I. Jamais l'imposture
N'entra dans les Cœurs.

A Paris Chez Martinet Rue de la Bucherie, la premiere Porte Cochere à droite aprés la Rue des Rats, prés l'ecole Medecine.

LE PRIX DE LA BEAUTÉ,
OU
LES COURONNES.

PROLOGUE.

Le Théâtre repréſente une Prairie émaillée de fleurs en avant d'un Bois. Des Arbres où ſont attachés des Guirlandes de Fleurs, & des Inſtrumens Champêtres. On voit différens Grouppes de BERGERS *& de* BERGERES *, répandus de droite & de gauche, occupés à faire des couronnes, & jouant à différents jeux.*

SCENE PREMIERE.

BERGERS, BERGERES.

Iᵉʳ CHŒUR DE BERGERS.

Air. *A notre bonheur l'Amour préſide.*

A Des jeux innocens & tranquilles
Nous donnons ſans ceſſe nos loiſirs.

A

2 LES COURONNES,

IIᵉ CHŒUR DE BERGERS.

Dans nos bois, bien mieux, qu'au fein des Villes
Nous goûtons les plus charmans plaifirs.

Iᵉʳ CHŒUR DE BERGERES.

Chaque jour, le lever de l'Aurore,
   Pour nous, fait éclorre
   Les plus belles fleurs;

IIᵉ CHŒUR DE BERGERES.

Chaque jour ! chaque inftant dans nos ames
   Allume des flâmes
   Qui brûlent nos cœurs.

UN PRINCIPAL BERGER.

Même air.

Du Dieu qui nous fait aimer & plaire
Chantons & célébrons les bienfaits ?
Il va nous apprendre le myftere
De ces biens qu'il fçait rendre parfaits ;
Nous allons jouir de fa préfence
   O douce efpérance !
   Bergers trop heureux ?
Que chacun accorde fa mufette ?
   Et qu'Echo répete
   Nos accens joyeux !

Les BERGERS prennent leurs Mufettes & divers Inftrumens. Ils fe rangent en haie, & les BERGERES, au fon des Mufettes, tenant des guirlandes de fleurs, forment au milieu d'eux un Ballet agréable, fur la fin duquel les BERGERS fe mêlent avec elles.

PROLOGUE.

(*Une Symphonie voluptueuse se fait entendre, & annonce l'approche de la Divinité.*)

UN BERGER.

Air noté, N°. 1.

Ou, *Allons gay? voici le mois de Mai.*

Quels concerts? quels sons harmonieux
 Ici se font entendre?
L'amour vient visiter ces beaux lieux
 C'est lui qui va descendre.

CHŒUR DE BERGERS ET DE BERGERES.

Air. *Les beaux jours ne durent gueres.*

 Viens Amour
 Orner nos fêtes.
 Viens amour
 Dans ce séjour?
Que nos cœurs deviennent tes conquêtes!
 Viens fixer ici ta Cour.

(*L'Amour paroît.*)

S C E N E I I.

L'AMOUR arrive suivi des GRACES, des SAISONS, des RIS, des JEUX & de PLAISIRS; il admire les BERGERES, en voltigeant autour d'elles.

L' A M O U R.

Air. J'ai vû de notre Roi la cour & l'équipage.

Aimés, il en eſt temps ?
Aimés, cherchés à plaire ?
Des beaux jours, des beaux ans
La courſe eſt ſi légere.   Et lon lan la.

(Ces Couplets ſe chantent ſucceſſivement avec une eſpece de Ballet, où à la fin de chaque Couplet l'AMOUR & ſa ſuite voltige autour des BERGERES.)

UNE SAISON *repréſentant le Printems, une fleur à la main.*

Admirés dans vos champs
Une fleur paſſagere !
Elle n'a qu'un Printems
Pour orner la Bergere.

On danſe.

UNE SAISON *repréſentant l'Eté, des gerbes à la main.*

De vos brillants Etés
L'émail & la verdure
Peignent les voluptés,
Mais n'offrent rien qui dure.

On danſe.

PROLOGUE.

UNE SAISON représentant l'Automne, avec des fruits.

> Ces fruits délicieux
> Que la terre vous donne
> Mûriffent fous vos yeux,
> Et paffent dans l'Automne.

On danfe.

UN PLAISIR montrant l'Hyver, dans un coin du Bois.

> Craignés l'Hyver affreux
> Dont gémit la nature
> Jamais les Ris, les Jeux
> N'ont quitté la verdure.

On danfe.

(*Ballet général.*)

L'AMOUR.

Air, Ah! mon mal ne vient que d'aimer,

> Vous vouliés connoître l'Amour,
> Exprès, je viens dans ce féjour
> Pour vous faire naître un beau jour
> Bergers ? & vous apprendre
> Quels font ces biens que tour à tour
> Sur vous je veux répandre.

Même Air, ou noté Nº. 3.

> Il eft fans doute un bien charmant
> Dont on ne jouit qu'en aimant
> Il fait le bonheur d'un amant
> Lorfqu'il a fçu connoître
> Que toujours c'eft du fentiment
> Que le plaifir veut naître.

Air. *De m'engager il est trop difficile.*

Ce sentiment ! enfant de la tendresse
Coûte souvent des larmes , des soupirs
Il nous agite , il nous trouble sans cesse ,
Mais c'est lui seul qui nous mene aux plaisirs.

Fanfare. N°. 4.

Pour vous faire un bonheur durable ?
Commencés par faire le choix
D'une Bergere , jeune , aimable
Dont vous puissiés suivre les loix ;

Sous l'empire de la beauté
La perte de la liberté
Devient une félicité

Que pour partager
Son Empire & régner ,
Elle nomme un Berger ?

Pour vous faire un bonheur durable ?
Commencés par faire le choix
D'une Bergere jeune, aimable
Dont vous puissiés suivre les loix.

(*Aux Plaisirs de sa suite.*)
Fanfare. N°. 5.

Plaisirs , qui volés sur mes traces
Enchantés ces Peuples heureux !
Sur les pas des Ris & des Graces
Formés ici d'aimables jeux ,

Offrés leur une image
De ce parfait bonheur
Que l'on cherche dans le bel âge
Et que l'on trouve au fond du cœur.

PROLOGUE. 7

(*Pas de Trois exécuté par les* GRACES.)

L'AMOUR *à une jeune* BERGERE.

Air. *J'avois toujours gardé mon cœur.*

Il eſt encor quelque leçon
   Que l'amitie m'inſpire ;
Venés entendre ma Chanſon,
   Elle peut vous inſtruire.

Air. N°. 5. *de M. Naudé.*

Ou, *De mon Berger volage.*

Jeune & ſimple Bergere
Que je viens d'embellir
Des roſes dont ma mere
Couronne le plaiſir,
En cueillant la fleurette
Qui naîtra ſous vos pas,
Sachés être diſcrette,
Et ne la fanés pas ?

✿

D'un Amant qui ſoûpire
Craignés peu les efforts ;
Obſervés ſon délire ?
Retenés ſes tranſports ;
Tel qui peint ſon martyre
Souvent n'eſt qu'un trompeur,
Dans ſes yeux ſachés lire
Ce qu'il a dans le cœur ?

✿

Des charmes du bel âge
Au printems de vos jours
Faites un bon ufage ?
Et fongés qu'ils font courts
Que le Tems, d'un coup d'aîle,
Détruit rapidement
Les attraits d'une Belle
Et les feux d'un Amant.

❖

Quand la délicateffe
Formera votre choix,
Aimés avec tendreffe ;
Mais n'aimés qu'une fois,
Il faut quand je l'allume,
Ce feu, ce vrai defir,
Il faut qu'il vous confume
Dans les bras du Plaifir.

Aux BERGERS.

Air. *Que ce beau jour promet d'heureux inflans.*
Aux Jeux charmans qui vont vous engager,
Livrés-vous ? faites choix d'une Bergere ?
(*A part.*)
Et moi, je vais fous les traits d'un Berger
Sonder fon cœur, & chercher à lui plaire.

DIVERTISSEMENT.

FIN DU PROLOGUE,

LE

LE PRIX DE LA BEAUTÉ,

OU

LES COURONNES,

PASTORALE.

B

ACTEURS.

DAPHNIS,   *Amant de* SILVIE.

SILVANDRE, *Amant de* SILVIE.

SILVIE,   *jeune & belle* BERGERE.

LYCAS,   *Chef des* BERGERS.

BERGERS & BERGERES.

La Scene est dans le bas d'un Vallon, en avant d'une Prairie.

LE PRIX DE LA BEAUTÉ,

OU

LES COURONNES.

ACTE PREMIER.

Le Théâtre repréfente un Vallon & un Verger , en avant d'une Prairie que l'en ne voit point.

SCENE PREMIERE.

D A P H N I S, *feul.*

D A P H N I S.

Air noté , N°. 1. *de M. Blaife.*

Ou , *Dans ma Cabane obfcure.*

A Peine, à ma paupiere,
Brille l'aftre du jour,

Qu'elle s'ouvre & s'éclaire
Au flambeau de l'Amour ;
Et ma foible exiſtence
Développant ſes feux ?
Silvie a la puiſſance
D'enchaîner tous mes vœux.

Déja l'Amour m'inſpire,
Il eſt ſur mon berceau ;
Il m'apprend à ſourire ;
Il n'a point de bandeau ;
Je le flatte, il m'amuſe,
Mon cœur veut s'exprimer ;
Mais ma bouche refuſe
Les ſons qu'il veut former.

Un jour que ma Silvie
Dans mes yeux innocens
Croit voir la douce envie
Qui careſſe mes ſens.
A ton âge,... dit-elle,
Eſt-ce qu'on ſçait aimer ?
Jeune enfant ?... & la belle
Me donne un doux baiſer.

J'ai paſſé mon enfance,
J'ai vû croître mes feux.

Dans mon adolefcence
Même ardeur, mêmes vœux ;
Ma Bergere l'oublie
Peut-être fon baifer ;
Il fut pourtant la vie,
L'ame de fon Berger.

SCENE II.

DAPHNIS, LYCAS.

LYCAS.

Air. *Là haut fur ces Montagnes.*

Tandis que l'on apprête
Par-tout dans nos forêts
Une brillante Fête,
Et des jeux pleins d'attraits ;
Que Silvie a pour elle
Réuni tous les vœux ;
Quoi, fon Berger fidelle
Semble éviter fes yeux ?

DAPHNIS, *avec vivacité.*

Air. *L'auftere Philofophie.*

Auroit-on jamais pu faire
Cher Lycas, un plus beau choix ?
D'autres, que de ma bergere,
Pouvoit-on fuivre les loix ?

Qui la voit, pourroit-il fuivre
D'autres pas, & d'autre amour !
Qui la voit, pourroit-il vivre
Sans l'adorer chaque jour ?

Air *noté d la fin.* N°. 2.

Ou, *Ces tendres fleurs qui parent la verdure.*

Ou, *Quoi! vous partés,* (en féparant les quatre premiers Vers.)

Tu la connois cette beauté charmante,
Divinité de cet heureux féjour ;
Quand tu la vois, ami, qu'elle t'enchante,
Ne dis-tu pas, c'eft la mere d'Amour :
Quand·fur fes pas, dans fes yeux, tu vois naître.
Autant d'amour qu'il te naît de defirs,
Ne fens-tu pas, trop vivement, peut-être....
Multiplier tes amoureux foûpirs ?

Qui ne l'a vû, n'a rien vû fur la terre ;
Grace, enjoûment, efprit, douceur, beauté ;
Elle embellit jufqu'au jour qui l'éclaire ;
Par une noble & douce majefté,
Régnant fans art fur la nature entiere.
Flore fe plaît à lui cueillir des fleurs ;
Et pour fauver un refte de·lumiere,
La jeune Aurore emprunte fes couleurs.

L Y C A S.

Air. *Ingrat Berger qu'eft devenu.*

Que tu fçais bien peindre l'ardeur
Qui fait couler tes larmes ;

Mais je lis au fond de ton cœur
De mortelles allarmes,
'Ah Daphnis ! qui fçût mieux que toi
Mériter fon cœur & fa foi?

D A P H N I S.

Air *noté à la fin.* N°. 3.

Ou , *L'on eft tenté de la prendre pour la mere de l'Amour.*

Il eft vrai que je l'adore;
Mais conçois-tu mon malheur,
Un autre Berger encore
De même a droit fur fon cœur.
 Cette belle
 Se rappelle
Sans ceffe nos tendres feux ;
 Et Silvandre
 Peut prétendre
A voir couronner fes feux.

L Y C A S.

Air. *Charmante Gabrielle.*

La beauté fur fes traces
Entraîne tous les cœurs ;
Pour elle , & pour les Graces,
La terre offre des fleurs.
Tout veut lui rendre hommage ;
 Tout eft jaloux
D'obtenir fans partage
 Un bien fi doux.

Air Italien , *noté à la fin.* N°. 4.

Je vois ton embarras,

D A P H N I S.

Tu ne le conçois pas,
Non, non, Lycas,
Non, non, Lycas,
Tu ne le conçois pas.
Un feul de nous l'a pû charmer
Un feul a fçu s'en faire aimer.
Sur ce fecret
Toujours difcret
Son cœur fe taît.
Ce feu myftérieux....
Mon rival trop heureux
S'offre à nos yeux,
Lycas , ô Dieux !
Quittons ces lieux ?

(On entend *SILVANDRE fur le haut d'un Côteau.*)

SCENE

SCENE III.

SILVANDRE sur le haut d'un Côteau.

SILVANDRE.

Air. Quoi ! vous partés.

Aube du jour qui m'arrache à Silvie ,
Te leves-tu pour voir couler mes pleurs ?
Ce jour est-il le dernier de ma vie ?
Ou le dernier de mes vives douleurs ?
Aube du jour qui m'arrache à Silvie ,
Te leves-tu pour voir couler mes pleurs ?

Air. Nº 5.

Ou, J'ai passé dans ces Hameaux.

J'ai passé dans ces Hameaux ●
De mes jours la premiere aurore ,
A faire dire aux Echos
Le nom de celle que j'adore ;
J'ai tant chanté ce beau nom
Aux oiseaux de ce boccage ,
Qu'ils se font de ma chanson
Compofé leur ramage.

(Il se promene dans le Bois.)

C

Air *noté à la fin.* N°. 6.

Ou, *Dans ma Cabane obscure.*

Ou, *De mon Berger volage.*

C'est dans cette prairie,
C'est ici, qu'un beau jour
Aux genouils de Silvie
Amené par l'Amour ;
Silvandre, qu'elle est belle,
Me dit ce Dieu vainqueur.
Aimes-la, sois fidelle,
Je ferai ton bonheur.

❦

Fûs-je jamais parjure
Aux sermens que j'ai faits ?
Amour, de ma blessure
Ai-je arraché tes traits ?
Tous les jours, je l'appelle ;
Tous les jours, je la vois,
Et suis toujours près d'elle
Pour la premiere fois.

Air Italien. N°. 7.

Ou, *Grazzie al inganni.*

Mais puis-je concevoir
L'espoir
D'obtenir la préférence ?
Est-ce la persévérance
Qui pourroit me la faire avoir ?

Un Amant qui chérit ſa chaîne,
Pourroit-il rompre ſans peine
Des nœuds qui tiennent les plaiſirs,
Enchaînés avec ſes deſirs.

Air. *Sûre de ta foi, je viens dans le Hameau.*

Ah ! pour mon malheur;
Je ne puis
A Daphnis
Imputer l'horreur
De mes affreux ſoucis:
Le premier
De l'Amour il ſentit les coups,
Ce Berger,
Comme moi, les trouva ſi doux.
(*L'on entend un grand bruit d'inſtrumens & les acclama-*
tions d'un Chœur.)

Air. Mineur de *Sûre de ta foi.*

Quels accens !
Quel bruit ! quels ſons bruyans !
De toutes parts enſemble !
Ces concerts
Semblent frapper les airs
De mille ſons divers:
Il me ſemble
Qu'on s'aſſemble:
Allons? ne différons pas?
Dans cet inſtant plein d'appas;
Chercher la vie ou le trépas.

C ij

SCENE IV.

COURONNEMENT DE SILVIE.

Le Théâtre change & repréfente une Prairie où les BERGERS ont élevé un Trône de Fleurs, fous des Pavillons de Rofes, & de Jafmins, foutenu par des gradins de verdure. SILVIE entourée de BERGERS & de BERGERES, ayant DAPHNIS & SILVANDRE à fa gauche.

SILVIE, DAPHNIS, SILVANDRE, LYCAS, BERGERS, BERGERES.

CHŒUR.

Regnés fur nous
Jeune Bergere;
Régnés fur nous,
Rien n'eft fi doux.

DAPHNIS.

Que les Ris, les Jeux d'une aîle légere
Pour vous couronner fe raffemblent tous.

AVEC LE CHŒUR.

Régnés fûr nous
Jeune Bergere;
Régnés fur nous,
Rien n'eft fi doux.

SILVANDRE.

Tous nos plaifirs feront ceux de vous plaire ;
Nous venons le jurer à vos genoux.

AVEC LE CHŒUR.

Régnés fur nous
Jeune Bergere ;
Régnés fur nous,
Rien n'eft fi doux.

SILVIE, *au milieu des* BERGERS, *attriftée & regardant
le Trône qu'on lui deftine.*

Air. *Si des Galans de la Ville.*

Gloire, Honneur, Trône, Couronne,
Vous ne tentés point mon cœur :
L'éclat qui vous environne
N'eft qu'une fauffe fplendeur.

Si j'apprends à vous connoître ;
Mon cœur deviendra léger,
Et fçaura bientôt peut-être
L'art de tromper un Berger.

Gloire, Honneur, Trône, Couronne ;
Vous ne tentés point mon cœur ;
L'éclat qui vous environne
N'eft qu'une fauffe fplendeur.

En regardant les BERGERS.

Pour accomplir vos myſteres ,
Bergers pour ſuivre vos loix ,
Parmi ces jeunes Bergeres
Faites un plus digne choix ,
Parmi ces jeunes Bergeres
Faites un plus digne choix.

Gloire , Honneur , Trône , Couronne ,
Que vous tentés peu mon cœur ,
L'éclat qui vous environne
N'eſt qu'une fauſſe ſplendeur.

C H Œ U R DE BERGERES.

Air. *Printems dans nos Bocages.*

Nous voyons ſans allarmes
Couronner vos attraits ;
C'eſt le prix de vos charmes
Nos vœux ſont ſatisfaits.

S I L V I E *attriſtée.*

Hélas ! quels bienfaits ,
Dieux , qu'ils vont me coûter de larmes !
Funeſtes attraits ?...
Mes plus beaux jours couloient en paix.

C H Œ U R GÉNÉRAL.

Nous voyons ſans allarmes
Couronner vos attraits ,

C'eſt le prix de vos charmes,
Nos vœux ſont ſatisfaits.

(*Les* BERGERS *mêlés avec les* BERGERES *forment une chaîne*
autour du Trône, en tenant des Guirlandes de Fleurs ,
& danſent l'air précédent.)

(*Divertiſſement général.*)

(*Pas de Trois de* SILVIE *,* DAPHNIS *&* SILVANDRE.)

(*La chaîne des* BERGERS *s'ouvre.* DAPHNIS *va prendre la* BER-
GERE *pour la conduire ſur le Trône.* SILVANDRE *à ſes côtés, tient*
une Couronne de Fleurs pour la lui poſer ſur la tête.)

DAPHNIS *conduiſant la jeune* BERGERE *ſur le Trône.*

Air. *Quand aux Champs dès le matin.*

Au ſon de nos chalumeaux,
Sur ce trône de verdure,
Richeſſe de nos hameaux,
Simples dons de la nature ;
..... A la félicité
D'un peuple qui vous aime,
Venés , jeune beauté
Joindre le Diadême.

SILVANDRE *lui préſentant la Couronne.*

Pour combler tous nos deſirs ,
Recevés cette Couronne,
Par la main des doux plaiſirs
C'eſt l'amour qui vous la donne ;
Chériſſés ſes faveurs ,
Ce Dieu qui nous inſpire

Au milieu de nos cœurs
A fondé votre Empire.

L Y C A S.

Enchantés , & fatisfaits
Vous qui voyés cette Belle
N'approchés pas de trop près ,
Un Dieu veut triompher d'elle.
    Fuyés , craignés fes traits ,
    Il appelle , il carefle ,
    Mais l'on ne peut jamais
    Guérir quand il nous blefle.

(Contredanfe.)

D A P H N I S tranfporté de joye.

Air. Ah ! le bel Oifeau Maman.

Habitans de ces Hameaux ,
Petits hôtes des boccages ,
Qui fouvent fous ces ormeaux
Formiés vos plus doux ramages ;
Accourés petits oifeaux ,
Venés rendre vos hommages ,
A la beauté que l'Amour
Couronne dans ce beau jour.

S I L V A N D R E.

Allés l'apprendre aux échos ,
A nos forêts , dans la plaine ,
A nos vergers , nos ruiffeaux ,
Aux bords de chaque fontaine ;

Que

Que tout célébre en ce jour
Notre aimable Souveraine?
Que tout célébre en ce jour
Les myfteres de l'amour?

D I V E R T I S S E M E N T.

UNE PRINCIPALE BERGERE.

Air. Mineur du *Cotillon couleur de Rofe.*

Non , ce n'eft que dans nos forêts,
Et fur les bords d'une onde pure ,
Qu'on goûte des plaifirs parfaits ,
L'innocence qui les épure ,
    Les fuit de près,
    Et pour jamais ,
Dans ces beaux lieux nous les affure.
    L'heureux Berger
    Sçait les chercher ,
Et ne peut les effaroucher.

UNE SECONDE BERGERE.

Le flambeau de nos premiers jours ,
Brille d'une vive lumiere.
Nos berceaux faits par les amours?...
Les Ris nous ouvrent la paupiere ;
    Et dès l'inftant ,
    Qu'au fentiment ,
Notre cœur fe livre & s'éclaire ,

                  D

Le tendre amour
Vient à son tour
Nous préfenter le plus beau jour.

UNE TROISIÉME BERGERE.

C'eft de ce jour, que nous datons
Le bonheur de notre exiftence.
Dans nos jeux, & dans nos chanfons ;
Nous en célébrons la naiffance ;
Nous ne vivons,
Ne refpirons,
Que pour adorer la puiffance
Du Dieu vainqueur ,
Aimable auteur ,
De nos jours & de notre ardeur.

FIN DU PREMIER ACTE.

LE PRIX DE LA BEAUTÉ,

OU

LES COURONNES,

PASTORALE.

ACTEURS.

DAPHNIS, *Amant de SILVIE.*

SILVANDRE, *Amant de SILVIE.*

SILVIE, *jeune & belle BERGERE.*

LYCAS, *Chef des BERGERS.*

BERGERS & BERGERES.

MARINIERS & MARINIERES.

La Scene se passe dans un petit Bois entrecoupé de Buissons & de Ruisseaux, en avant d'un Vallon.

ACTE SECOND.

SCENE PREMIERE.

SILVIE se promenant dans le petit Bois.

SILVIE.

Air. *Sous ces Ormeaux, je badinois.*

DAns ces forêts ;
Je promene en vain mes regrets ;
Ces ombrages frais ,
N'ont plus d'attraits
A mes yeux ,
Dieux !
Dans le sein des honneurs ,
Des grandeurs ,
Tous les biens sont trompeurs ;
Le faux éclat qui luit ,
Eblouit ,
Et toujours nous séduit ,

Mon trifte cœur
En reconnoît toute l'erreur ;
Je perds ce bonheur,
Dont jufqu'ici
J'ai joui ;

L' E C H O.

Oui ?

SILVIE, *étonnée, court précipitamment à l'endroit où*
elle a entendu l'E c h o, & veut le confulter.

Air. *Dans un Bocage frais fait exprès.*

L'Echo de ce vallon
Me répond ,
Il peut m'apprendre pourquoi ,

L' E C H O.

Quoi ?

S I L V I E.

Un vain honneur
Affligeant mon cœur ;
Me coûte fans le chercher ;

L' E C H O.

Cher ?

S I L V I E.

J'ai deux Amans ,
Charmans ,
Tendres & conftans ;

De tous les deux
Je ne puis combler les vœux ;
Quoi ? sans raison,
Et sans trahison,
Pourrois-je à l'un dire non ?

L' E C H O.

Non.

S I L V I E.

Mêmes ardeurs
Enflâment leurs cœurs.
Dois-je être ingrate à ce point?

L' E C H O.

Point.

S I L V I E.

Hélas ! comment
Me souftraire à ce tourment ?
Auquel des Dieux
Faut-il adresser mes vœux ?
Dans mon embarras....
Ne puis-je pas ?...
Mais je n'en puis choisir qu'un,

L' E C H O.

Qu'un.

S I L V I E *impatientée*.

Cruels Echos,
Vous plaignés mes maux ;

Mais vous ne me dites rien,

L' E C H O.

Rien.

(*Elle se promene en se livrant à ses réflexions.*)

S I L V I E.

Air. *Je m'éloigne vainement de cette Fontaine.*

En couronnant d'un vainqueur
La tendresse extrême ;
L'autre mourra de douleur,
Il m'aime de même.
Quoi? je ferois le malheur
D'un Berger qui m'aime?
D'un Berger qui m'aime?

(*Un Ramage d'Oiseaux se fait entendre, la* BERGERE *court sous le Feuillage , & se plaint aux Oiseaux de son sort.*)

S I L V I E.

Air Italien , *noté à la fin.* N°. 1,

Vous , qui dans ces forêts ,
Entendés mes regrets ?
Plaignés-les !
Plaignés-les ?
Sous ce naissant feuillage
Par votre doux ramage. . . .
Charmans petits Oiseaux,
Adoucissés mes maux !

Le

(Le ramage ceffe. S I L V I E défefpérée revient au bord du Théâtre, en fe plaignant que tout l'abandonne.)

S I L V I E.

Air. *J'étois feule en un Bocage.*

Tout eft fourd dans la nature,
Tout fe taît à mes accens.
Ces Ruiffeaux, dont le murmure
A fait mes amufemens;
Ces réduits frais & champêtres;
Ces hêtres...
Ah! ç'en eft fait...
Portons ailleurs mes allarmes?
Mes larmes,
Tout m'y déplaît.

(Elle veut fortir; mais elle revient par réflexion.)

S I L V I E.

Air. *O Pierre! ô Pierre! j'étois morte fans vous.*

Mais où vais-je? & que dis-je?
Une barbare Loi,
Me retient & m'afflige,
Dans ces lieux malgré moi.
Où fuis-je?
Où fuis-je?
Quel jour affreux pour moi?

*(Elle s'affit fur un Gazon, au bord d'un des Ruiffeaux,
la tête appuyée fur fa main.)*

E

SILVIE.

Air. *Ne vla-t'il pas que j'aime.*

Je touche peut-être aux momens. . . .
Je n'y pourrai survivre.
Le sommeil vient flatter mes sens,
Il faut que je m'y livre.

(Elle s'endort & l'on entend aussi-tôt une Symphonie qui exprime
un sommeil agréable entrecoupé par un ramage d'Oiseaux ,
& le murmure des Ruisseaux.)

SCENE II.

SILVIE endormie, DAPHNIS se promenant dans le
Bois sans voir la BERGERE qu'il cherche.

DAPHNIS.

Air Italien , *noté à la fin.* N°. 2.

QUe ces lieux ont eu pour moi de charmes ?
C'est dans ce séjour ,
Que vit un beau jour,
Naître mon amour.
C'est ici , qu'éloigné des allarmes
J'adorai souvent
Cet objet charmant
Qui fait mon tourment.

(Il l'apperçoit dormant sur le Gazon, & vole auprès d'elle.)

Mais que vois-je? ô Ciel! que vois-je?... ma Bergere,

O doux myſtere !

O moment trop heureux !

Sur ſes beaux yeux ,

L'aſtre du jour qui nous éclaire ,

Porte ſes regards ,

Et de toutes parts ,

La livre aux hazards.

Tâchons d'écarter un peu ſa lumiere ?

Qu'il me laiſſe un inſtant ce ſeul coin de la terre ?

Un ſeul inſtant?

Qu'à mes vœux rien ne ſoit contraire ?

Hélas! bien ſouvent ,

Le ſort d'un Amant

Dépend d'un inſtant.

(*Il ſort & va chercher des* BERGERS *qui entrent avec des Brancha-*
ges de verdure & des Fleurs , avec leſquels ils forment un Berceau
ſur la tête de la BERGERE. *Pendant l'intervale , la Symphonie*
exprimant les ramages, le ſommeil & le murmure des eaux ,
recommence.)

(*Divertiſſement autour du Berceau, à petit bruit & au ſon des*
flûtes douces.)

D A P H N I S *cueille des Roſes autour du Berceau , en fait*
une Couronne , & la met doucement ſur la tête de
la B E R G E R E.

Air. *A quoi s'occupe Magdelon.*

Vit-on jamais rien de ſi beau ?

Ah ! tandis qu'elle ſommeille,

Faifons, des fleurs de ce berceau,
Un diadême nouveau.

❧

Je crains & je n'ofe approcher ;
Sur fes beaux yeux l'Amour veille ;
Ce Dieu femble me reprocher
D'être venu la chercher.

*(Il paffe à l'autre bout du Berceau, l'admire & chante les
Couplets fuivans.)*

D A P H N I S.

Air *noté à la fin.* N°. 3.

Ou , *Dans ma Cabane obfcure.*

Tant que la Marguerite
Croîtra dans nos vallons ,
Que cette fleur petite
Ornera nos gazons ,
Tu feras, ma Silvie,
La Reine de mon cœur,
Le charme de ma vie,
L'aftre de mon bonheur.

❧

Le matin , quand l'aurore
Viendra verfer fes pleurs,
Que les Amans de Flore
Carefferont nos fleurs,
J'irai fous le feuillage ,
Pendant ton doux fommeil,

Aux oifeaux du bocage
Annoncer ton réveil.

Le jour dans la prairie,
J'irai graver fon nom;
Sur l'écorce polie
Des Hêtres du canton;
Je le verrai paroître
A mes yeux chaque jour.
Mais il ne pourra croître,
Autant que mon amour.

Le foir, quittant la plaine,
Je dirai tout furpris,
Le Soleil me ramene;
N'eft-il donc plus de nuits?
Mais non; c'eft qu'il différe
De quitter les beaux yeux
De la jeune Bergere
Dont je fuis amoureux.

(L'on entend des accords de Mufettes & d'Inftrumens, qui pa-
roiffent fortir des bords du Ruiffeau , auprès duquel
la jeune BERGERE eft endormie.)

DAPHNIS.

Air Italien, *noté à la fin.* N°. 4.

Quel bruit fe fait entendre?
Qui peut venir en ces lieux?

Ah ! j'apperçois Silvandre,
Ma Bergere ouvre les yeux,
Fuyons ? & qu'elle ignore,
Lequel de ces deux Amans
A pû jouir encore
De ces doux momens ?

S C E N E　I I I.

SILVIE , s'éveillant, paroît étonnée de se trouver sous un Berceau , n'en ayant point vû à l'endroit où elle s'est endormie , ni dans aucun endroit du Bois. Elle admire le Berceau & sa Couronne, elle se promene à l'entour , & paroît agitée.

S I L V I E.

Air. *Quand on sçait aimer & plaire.*

QUe vois-je ? est-ce un songe ? où suis-je ?
Eh ! quels miracles nouveaux ?
Dieux puissans , par un prodige ,
Pensés-vous calmer mes maux ?

Deux Bergers causent mes larmes ;
Tout est pour moi sans appas ;
Ah ! dissipés mes allarmes ?
Ou donnés-moi le trépas ?

Que vois-je? est-ce un songe? où suis-je?
Eh! quels miracles nouveaux,
Dieux puissans, par un prodige,
Pensés-vous calmer mes maux?

Mais, que dis-je? .... cet ouvrage
Est de la main de Daphnis;
Chaque fleur de ce feuillage,
(*Bis.*) Est pour moi du plus grand prix.

Que vois-je? est-ce un songe? où suis-je?
Eh! quels miracles nouveaux?
Dieux puissans par un prodige,
Pensés-vous calmer mes maux?

SCENE IV.

SILVIE, SILVANDRE, BERGERS, BERGERES, MARINIERS galants & MARINIERES.

SILVANDRE *arrivant dans des petites Chaloupes ornées de Guirlandes de Fleurs , fuivi de BERGERS & BERGERES tenants des Corbeilles de Fleurs & de Fruits, de petits Agneaux & des Colombes blanches , ornées de Fleurs & de Rubans.*

Air. *Quand on vient dans ce Bocage peut-on s'empêcher d'aimer?*

Venés tous, à ma Bergere ,
Offrir l'encens de vos cœurs?
Empreffés-vous à lui plaire ,
A mériter fes faveurs?

CHŒUR.

Empreffons-nous à lui plaire ,
A mériter fes faveurs?

DIVERTISSEMENT.

SILVANDRE *offrant les Corbeilles.*

Air *noté à la fin.* N°. 5.

Déjà du Temple de l'Amour ,
Nos Bergers occupent l'enceinte ;

L'on

L'on vous attend , & dans ce jour ,
Saifi d'une mortelle atteinte ,
Mon trifte cœur vient vous offrir
   Ces fruits , ces dons de Flore ,
Que par-tout , pour vous embellir ,
   La Terre fait éclorre.

SILVIE *agitée , recevant les préfens.*

Air. *Aimons-nous belle Thémire.*

Ces foins obligeans fans ceffe
Partent d'un cœur plein de tendreffe ,

(Elle eft embarraffée , regarde de tous côtés , & ne fçachant comment reconnoître les attentions de SILVANDRE *, elle lui donne la Couronne qu'elle tient à la main.)*

Le mien eft reconnoiffant ,
   Berger charmant ,
Ce gage en eft garant.

SILVANDRE , *tranfporté de joie , prenant la Couronne , & fe jettant à fes genoux.*

Air. *Dieu des ames.*

   Ma Silvie
   A ma vie
S'intéreffe donc encore ?
   Quoi Silvandre
   Peut prétendre
A jouir du plus beau fort ?

Ah ! Bergere ,
Tu m'es chere ,
J'en attefte tes beaux yeux.
Vois mes larmes ,
Mes allarmes ,
Sans ceffe accroître mes feux ?

SILVIE *attendrie.*

Air. *Je chérirai mon Ifmene.*

Qu'il m'eft doux de les entendre
Ces fermens que tu me fais ?
Au Temple je vais me rendre....
Oui.... j'y dirai mes fecrets ;
Mais de moi , mon cher Silvandre ,
Tu ne te plaindras jamais.

SILVANDRE *appellant les* BERGERS.

Air. *Tout le long de la Riviere.*

Vous , qui fur les aîles
Des tendres defirs ,
A côté des Belles ,
Menés les plaifirs.
Tout le long de ces rivieres ,
Promenés vos pas ?
Chacune de vos Bergeres
Offre mille appas.

UN BERGER.

Sur ces bords tranquilles
La fimplicité ,

Bâtit des afyles
A la volupté.
Tout le long de ces rivieres,
Promenés vos pas ?
Chacune de vos Bergeres
Offre mille appas.

La tendre nature,
Forme ici les mœurs ;
Jamais l'impofture,
N'entra dans les cœurs.
Tout le long de ces rivieres,
Promenés vos pas ?
Chacune de vos Bergeres
Offre mille appas.

DIVERTISSEMENT GÉNÉRAL
fur l'Air précédent.

UNE MARINIERE.

Air *noté à la fin.* N°. 6.

Ou, *Vous qui parcourés le monde.*

Sur cette onde favorable,
Charme de nos plus beaux jours ;
Avec nous, Bergere aimable,
Venés chercher les Amours ?
Sur vos pas il en va naître,
Autant qu'il naîtra de fleurs ;

Hâté-vous de donner l'être
A ces petits Dieux vainqueurs ?

UN MARINIER.

Tout le long de ces rivages,
Jamais les vents inconſtans
N'ont exercé de ravages,
Il y régne un doux Printems ;
Les Zéphirs toujours en pouppes,
Et raſſemblés ſur ces eaux,
Vont entrer dans nos Chalouppes
Pour enfler nos chalumeaux.

UNE MARINIERE.

Ah ! qu'il eſt beau le voyage
Que l'on fait avec l'Amour,
Ce n'eſt jamais qu'un paſſage
Qui ſemble toujours trop court ;
L'heureux Berger qui ſoupire,
Loin de regarder le bord,
Craint d'approcher & deſire
De voir éloigner le Port.

(Contredanſe.)

(*L'on embarque* SILVIE *au ſon des Fanfares.*

FIN DU SECOND ACTE.

LE PRIX DE LA BEAUTÉ,

OU

LES COURONNES,

PASTORALE.

ACTEURS.

DAPHNIS, *Amant de SILVIE.*

SILVANDRE, *Amant de SILVIE.*

SILVIE, *jeune & belle BERGERE.*

LYCAS, *Chef des BERGERS.*

VIEUX BERGERS & BERGERES.

L'AMOUR.

NYMPHES, CHASSEURS.

La Scene se passe dans le Temple de l'Amour,
en avant d'une Forêt.

ACTE TROISIÉME.

Le Théâtre repréfente le Temple de l'Amour, en avant d'une Forêt fombre. On y voit un Autel fur lequel s'éleve une flâme étincelante. SILVIE devant l'Autel un Flambeau à la main, entourée de vieux PASTEURS & de jeunes BERGERES.

SCENE PREMIERE.

SILVIE, BERGERS, BERGERES.

SILVIE.

Air. *Quand vous entendrés le doux Zéphir.*

Dieu des Amans,
    Entends
  Mes accens?
Charmant Amour? qu'en te temple on adore;

Dieu des Amans ,
Reçois mon encens ?
Viens ! defcends !
Je t'implore.
De ces inftants ,
Que j'ai craint long-temps....
Le terme & l'horreur
Vient glacer mon cœur ;
A peine il refpire. . . .
Sans ceffe il foupire ,
Il craint fon malheur ;

Dieu des Amans
Entends
Mes accens ?
A mes tourmens ,
Seras-tu fourd encore ?
Sans ton fecours ,
De mes triftes jours ,
Vois terminer l'Aurore ?

(*Elle fe retourne vers les* BERGERS.)

S I L V I E.

Air. *La mort de mon cher Pere.*

Vous qui caufés mes larmes ,
Infenfibles Pafteurs ?
Sans pitié , fans allarmes ,
Verrés-vous mes malheurs ?

D'un

D'un Berger qui m'adore,
Vous tramés le malheur ;
Mais mon fecret encore
Eft au fond de mon cœur.

UNE BERGERE à SILVIE.

Air. *Affis fur l'herbette.*

Chaffés la trifteffe ?
Qu'ici la gaieté
  Renaiffe
  Sans ceffe
De la volupté !
L'Amour vous engage ;
Laiffés-vous charmer ?
Bergere à votre âge
Il ne faut qu'aimer.

     (*L'on danfe.*)

DIVERTISSEMENT.
UN BERGER à SILVIE.

Air *noté à la fin.* N°. 1.

Ou, *Goûtons bien les plaifirs, Bergere.*

Aimés, aimés, jeune Bergere,
Un cœur, fans amoureux foucis,
 N'eft qu'une ombre légere
 Que bercent les ennuis,
 Jamais rien ne l'éclaire,
 Il ne voit que des nuits.

       G

UN BERGER.

Les plaisirs que l'Amour fait naître,
Sont immortels comme nos cœurs,
Sans cesse on les voit croître,
De même que les Fleurs.
Ils ne se font connoître
Qu'aux sinceres ardeurs.

UN III.e BERGER.

Aimer est le seul bien , Silvie ,
Tout vous dit qu'il faut s'engager ;
Le songe de la vie
Est trop court , trop léger ,
Pour n'avoir pas l'envie
De se dédommager.

(*L'on danse.*)

UN VIEUX BERGER *conduisant* SILVIE *à l'Autel.*

Air. *Dans nos Bois s'il coule des larmes.*

C'est à cet Autel qu'on s'engage ,
C'est ici que l'on choisit son vainqueur,
L'on n'y voit point d'Amant volage
Parjurer l'offre qu'il fait de son cœur.
La Bergere a pour appanage,
La simplicité ,
La candeur & la vérité ;

Le Berger qui lui rend hommage,
Adore les nœuds,
Qui vont le rendre heureux.

(L'on entend une Symphonie qui annonce l'arrivée de DAPHNIS
& de SILVANDRE, *amenés par les* BERGERS.)

SCENE II.

SILVIE, DAPHNIS, SILVANDRE, *tous les* BERGERS *raffemblés.*

SILVIE *voyant arriver fes deux Amans.*

Air. *Au bord d'un clair Ruiffeau.*

DUre néceffité !
Cruelle obéiffance,
N'eft-il plus d'efpérance
Pour mon cœur agité !
Ah ! quelle cruauté !
Tout ici m'abandonne ;
Et pour une Couronne
Je perds ma liberté.

(L'on amene DAPHNIS *&* SILVANDRE, *on les place tous deux aux
côtés de l'Autel.* SILVANDRE *eft paré de Fleurs & de la Couronne
que* SILVIE *lui a donnée à la fin du fecond Acte, en recevant fes
préfens ; laquelle lui avoit été donnée par* DAPHNIS, *tandis*

qu'elle dormoit ; Daphnis est simplement vêtu sans Fleurs ni Couronne.

LE CHEF DES BERGERS *s'approchant de Silvie.*

Air. *Nous jouissons dans nos Hameaux.*

Le Dieu qui donne les beaux jours,
Que vous goûtés, Bergere,
Ne permet plus à vos amours
De garder le mystere.
Décidés-vous ? faites un choix ?
Tant de délicatesse,
Contraire en ce jour à nos Loix,
Devient une foiblesse.

Air *noté à la fin.* N°. 2.

Il faut qu'un de ces deux Amans,
Partage avec vous la Couronne ;
Songés à remplir vos sermens ?
Songés que l'Amour vous l'ordonne ?
Celui qui sera votre époux,
Doit régner ici parmi nous.

SILVIE *s'avance vers l'Autel, regarde ses deux Amans avec tendresse, elle hésite à leur parler.*

Air. *Ah ! vous ne m'aimés pas.*

Objets dignes sans cesse
De ma tendre amitié ?

(Elle ne peut soutenir leurs regards & se retourne vers les Bergers.)

Ah ! je vois leur tendresse
Implorer ma pitié ;
Faut-il que je·subisse
Vos rigoureuses loix ?
Bergers , sans injustice ,
Puis-je faire mon choix ?

LE CHEF DES BERGERS.

Air *noté à la fin*. N°. 3.

Ou , *J'ai vu de notre Roi.*

Vous offensés l'Amour.
Sous son charmant Empire
Quand on perd un beau jour ,
En vain l'on en desire.

S I L V I E *retournant aux Autels.*

Air. *Petits Moutons gardés la plaine.*

(*à part.*)

Vous le voulés... que vais-je faire ?
Ingrats ? vous serés satisfaits ,
Mais craignés que votre Bergere
Ne quitte ces lieux pour jamais.

(*Elle s'apperçoit que* DAPHNIS *n'a ni Fleurs ni Couronne.*)

Air. *Je ne sçais ce qu'il me veut dire.*

Quoi ! Daphnis n'a point de Couronne ,
Sans Fleurs il paroît à mes yeux.

(Elle le regarde tendrement.)

Ah ! crois-tu que je t'abandonne ?...
Ton cœur doit me connoître mieux.

(Elle lui donne la Couronne qu'elle a fur la tête.)

(à part.)

Tiens?... Je ne fçais que lui dire ;
Mais je fens que mon cœur foupire.

SILVANDRE *voyant qu'elle donne fa Couronne à* DAPHNIS.

Air. *Dans un lieu folitaire & fombre.*

Ai-je donc perdu ma Bergere ?
O Ciel ! que vais-je devenir !

(A SILVIE, *en lui préfentant fa Couronne.)*

Si ce préfent ne peut vous plaire,
Ç'en eft fait, il me faut mourir.

SILVIE *prenant la Couronne de* SILVANDRE.

Air. *Raifonnés ma Mufette.*

Oui ce préfent me flatte,
Je ne fuis point ingrate ;
Mon cœur, charmant Berger,
Ne peut jamais changer.

(Elle met la Couronne de SILVANDRE *fur fa tête.)*

(Elle retourne vers les BERGERS.)*

PASTORALE.

SILVIE.

Air. *Que j'entre je vous prie.*

En vain à l'obéiſſance
Je veux ranger mon ardeur;
Mais la moitié de mon cœur,
Avec l'autre eſt en balance.
(*à part.*)
Quel charme ſuſpend ta voix ?
Malheureuſe Silvie ?
Aux BERGERS.
Faites vous-même mon choix,
Bergers, je vous en prie.
(*Elle s'attendrit & verſe des larmes.*)

TRIO.

DAPHNIS, SILVIE, SILVANDRE.

DAPHNIS.

Air. *Non, non, Colette n'eſt point trompeuſe.*

Ceſſés, ceſſés de verſer des larmes,
Quelque ſoit votre vainqueur....

SILVANDRE.

Ceſſés, ceſſés de verſer des larmes,
Elles pénétrent mon cœur.

DAPHNIS, SILVANDRE.

Doit-on, avec tant de charmes ;
Succomber à la douleur ?

S I L V I E.

De l'un de vous fans allarmes
Puis-je caufer le malheur ?

LES DEUX BERGERS.

Ceffés, ceffés de verfer des larmes,
Elles pénétrent mon cœur.
Elles pénétrent mon cœur.

LE CHEF DES BERGERS.

Air *noté à la fin.* N°. 4.

Non, non, c'eft trop vous en défendre ;
Il faut céder, il faut vous rendre
Il faut déclarer votre ardeur.

S I L V I E.

Mais dans mon embarras extrême....

LE CHEF DES BERGERS.

Comment lire dans votre cœur?
Si vous n'y lifés pas vous - même.

SILVIE

SILVIE *outrée retourne aux Autels, se désespére, regarde encore ses deux Amans, & revient aux* BERGERS *avec dépit.*

Air noté à la fin. N°. 5.

Barbares ? ç'en est fait ; je vais quitter ces lieux.

(*Elle veut fuir ; mais les* BERGERS *s'opposent à son passage.*)

LE CHEF DES BERGERS.

Arrêtés, rien ne peut vous souftraire à nos yeux.

SILVIE.

A me persécuter chacun de vous se plaît.

LE CHEF DES BERGERS.

Obéissés aux Dieux....

SILVIE *avec dépit & regardant l'Autel.*

Eh bien ! mon choix est fait.

(*Les* BERGERS *courent à l'Autel, se regardent avec étonnement, & ne reconnoissant point le choix de la* BERGERE *, la forcent de nouveau à s'expliquer plus clairement.*)

LE CHEF DES BERGERS.

Air Italien, noté à la fin. N°. 6.

Expliqués-vous ?
Parmi nous,
Nommés sans courroux
Votre Epoux ?

H

Craignés peu les jaloux ?

SILVIE *levant les yeux au Ciel.*

Dieux protecteurs !
Dieux vengeurs !

SILVANDRE & DAPHNIS *accourant à elle.*

Calmés vos douleurs ?

SILVIE *tombant dans leurs bras.*

Je me meurs....
Je me meurs....
Je me meurs....

SILVANDRE *quittant tout à coup l'habit de* BERGER,
paroît sous la forme de la Divinité.

Non, non, non, séchés vos pleurs.

Air. *Pour soumettre mon ame.*

C'est trop long-temps, Bergere,
Cacher l'Amour à vos yeux.
Sous ma forme ordinaire,
Reconnoissés-moi tous deux ?
Votre flâme généreuse
Craint de faire mon tourment.
Vous mérités d'être heureuse,
C'est le prix du sentiment.

DAPHNIS & SILVIE *étonnés & hésitans à parler,*

D U O.

S I L V I E.

Air. *Votre cœur, aimable Aurore.*

Quel moment !

D A P H N I S.

Quelle victoire !

E N S E M B L E.

Doux transport charme nos cœurs ?

D A P H N I S.

Mon ame a peine à le croire ?

S I L V I E *à l'A M O U R.*

Dieu charmant ! que de faveurs ?

E N S E M B L E.

Pour nos plaisirs, pour ta gloire,
Eternise nos ardeurs.

L'A M O U R *aux* B E R G E R S.

Air *noté à la fin.* Nº. 7.

Ou , *Goûtons bien les plaisirs.*

Jeunes Amans, c'est la constance
Qui fait couronner les desirs ;

H ij

L'Amour ne récompenfe
Que les tendres foupirs ,
Jamais l'indifférence
Ne connut les plaifirs.

Avec l'heureux talent de plaire ,
Tôt ou tard on gagne les cœurs.
L'Amant foumis , fincere ,
En butte à mes rigueurs ,
Alors qu'il défefpére ,
Jouit de mes faveurs.

Air. *Quitte ta Mufette* , Berger amoureux.

Je quitte ces plaines ,
Et laiffe en ces lieux ,
Pour ferrer le nœud de vos chaînes ,
Les ris & les jeux.
Il faut qu'à la chaffe ,
Ce beau jour fe paffe ?
Allés avec eux ?
Je quitte ces plaines ,
Et laiffe en ces lieux ,
Pour ferrer le nœud de vos chaînes ,
Les ris & les jeux.

(*L'Amour s'envole.*)

SCENE III.

DAPHNIS, SILVIE.

DUO.

Air Italien, *noté à la fin.* N°. 8.

Qu'il est doux de donner ⎱ le diadême.
        de devoir ⎰

    A l'objet qu'on aime,

    Quand l'Amour lui-même

    Fait notre bonheur.

    Un brillant honneur,

    Un titre flatteur,

    Touchoit peu mon cœur ;

    Si l'aimable Couronne,

    Que l'Amour forme & donne,

    Ne payoit mes foupirs,

    Ne combloit mes defirs

      De mille plaifirs.

              (*Fanfares de Chaſſe.*)

DIVERTISSEMENT.

(*L'on voit arriver des* Bergers *en* Chasseurs *, & des* Nymphes *préparées pour aller à la Chaſſe.*)

SCENE IV.

DAPHNIS, *SILVIE*, Bergers en
Chasseurs & Nymphes.

UN CHASSEUR.

Air. *De la Tempé.*

APprêtons nos traits?
L'Amour nous appelle à la chaffe.
Apprêtons nos traits?
Ce Dieu vole dans nos forêts.

Les bois, où l'Amour fe cache,
Sont remplis de mille attraits,
En le fuivant à la trace,
L'on ne s'égare jamais.

Apprêtons nos traits?
L'Amour nous appelle à la chaffe.
Apprêtons nos traits?
Ce Dieu vole dans nos forêts.

UNE NYMPHE.

L'ombre & la fraîcheur,
Le filence, ami du myftere,
L'ombre & la fraîcheur,
Tout y féduit un jeune cœur.

Sur la naiſſante fougere,
Toujours ſûr d'être vainqueur;
Tendre, jamais téméraire,
Le Berger peint ſon ardeur.

L'ombre & la fraîcheur ;
Le ſilence, ami du myſtere,
L'ombre & la fraîcheur,
Tout y ſéduit un jeune cœur.

UNE NYMPHE.

Le chant des oiſeaux....
Des Roſſignols le doux ramage,
Le chant des oiſeaux,
Invite à des plaiſirs nouveaux.

Sous un ſombre & verd feuillage ;
Les jours paroiſſent plus beaux;
Les feux de notre jeune âge,
S'allument à leurs flambeaux.

Le chant des oiſeaux....
Des Roſſignols le doux ramage,
Le chant des oiſeaux
Invite à des plaiſirs nouveaux.

F I N.

FAUTES A CORRIGER.

P AGE 4, *Air*, J'ai vu de notre Roi, *voyez* à la fin, N°. 2.

Page 7, *Air*, N°. 5, de M. Naudé, *voyez* à la fin, N°. 6.

Page 12, & ma foible exiftence développant fes feux, *lifez*, de ma foible exiftence développant les feux.

Page 12, *id.* 3e. Couplet, jeune enfant, *lifez*, je foupire.

Page 14, autant d'amour, *lifez*, autant d'amours.

Page 14, *id.* qui ne l'a vu, *lifez*, qui ne la voit.

Page 20, régnez fur nous, *chantez* fur l'Air, Faites dodo.

Page 37, j'irai graver fon nom, *lifez*, graver ton nom.

Page 49, la gaieté, *lifez*, la gayté.

Page 54, fi ce préfent ne peut vous plaire, *lifez*, fi la mienne ne peut vous plaire.

Page 57, & ne reconnoiffant point, *lifez*, & ne connoiffant point.

Premier Acte.
De la Pastorale

N°. II.
Tu la connois! Cette beauté char=
=mante Divinité de cet heureux Séjour;
quand tu la vois, ami quelle t'enchante! ne
crois tu pas voir la mere d'amour!
quand Sur Ses pas, dans Ses yeux
tu vois naître, autant d'amours qu'il te
naît de desirs, ne Sens tu pas trop vive=
=ment peut etre multiplier tes amoureux Soupirs

Air Italien

N.IV.
Je vois ton embarras tu ne le
conçois pas, non non Lycas, non
non Lycas tu ne le conçois pas.
un Seul de nous l'a Sçu charmer,
un Seul a Sçu S'en faire aimer,
toujours discret Sur ce Secret Son cœur Se
tait, ce feu misterieux, mon Rival Odieux
S'offre à mes yeux Lycas ô Dieux! quittons ces lieux!

N.º VI.
C'est dans cette prai_rie
C'est ici qu'un beau jour aux genoux
de Sil _ vie a me _ né
par l'Amour: Silvandre qu'elle est
bel _ le, me dit ce Dieu vainqueur.
aimes la Soie fi _ dé _ le?
Je ferai ton bon heur.

n.º VII
Mais puis je concevoir l'es =
= poir? d'Obtenir la préférence,
Est ce la persévérance, qui pourroit
me la faire avoir, un amant
qui chérit Sa chaine pourroit il
rompre Sans peine des nœuds qui
tiennent les plaisirs, enchainez a
vec Ses desirs?

SECOND ACTE
Air Italien.

Air Italien
Nᵒ II
Que ces lieux ont eu
pour moi de charmes ! c'est dans
ce Séjour, que vit un beau jour,
naître mon amour.   C'est - i ci
qu'éloigné des allarmes, J'ado, =
=rai Souvent, cet objet charmant,
qui fait mon tourment. Mais que
voisje ô Dieux ! que voisje ma Bon =

8
= gere ! ô doux mistere ! O moment
trop heureux ! Sur Ses beaux yeux
L'astre du jour qui nous éclai-re,
porte Ses regards, et de tontes parts,
La livre aux hazards. Tâchons
-d'écarter un peu Sa lumiere?qu'il me
laisse un instant ce Seul coin de la
terre?un Seul instant, qu'à mes

vœux rien ne soit Contraire, hélas
bien souvent, le Sort d'un amant
dépend d'un moment.
N.° III
Tant que la marguerite Croîtra
Dans ces Vallons, que Cette fleur
petite Ornera nos gazons,
Tu Seras ma Sil_vie, La Reine
de mon cœur, Le charme de ma vie

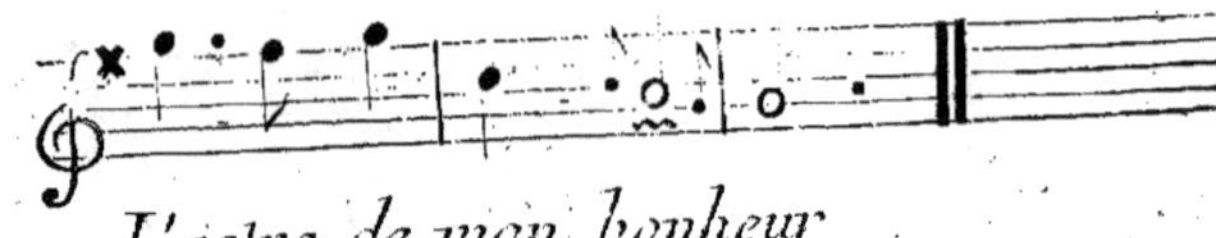

2.

2.^e

Le matin quand L'aurore

Viendra verser ses pleurs,

Que les amans de flore

Caresseront nos fleurs.

Aux oiseaux des bocages

Pendant ton doux Sommeil

J'iray sous ces feuillages

Annoncer ton reveil

N° IV

Quel bruit Se fait entendre?

qui peut venir en ces lieux. Mais

J'apperçois Silvandre ma Ber =

= gere ouvre les yeux fuyons! et

qu'elle ignore lequel de ses

deux amans, a pû Joüir en

core, de ces doux momens.

N.VI.
Sur cette onde favorable,
Charme de nos plus beaux jours,
avec nous Bergere aimable?
venés chercher les Amours?
Sur vos pas, il en va naître,
autant qu'il naîtra de fleurs hâtés
vous de donner l'être, a ces petits
Dieux vainqueurs!

TROISIEME ACTE

Air de Mr Naudé.

n.º II.
Il faut qu'un de ces deux a-
mans partage avec vous la Cou-
-ronne, Songés a remplir vos Ser-
-mens, Songés que l'amour vous l'or-
-donne, celui qui Sera votre E-
-poux doit regner ici par-mi nous,
celui qui sera votre E-poux doit re-
-gner i-ci parmi nous.

n.º III.

n.º IIII.

16
Cœur? Si vous n'y lisez pas vous même..
n.o V.
Barbares c'en est fait ; Je
vais quitter ces lieux, Ar-rê-tez
rien ne peut vous soustraire à noe
yeux, A me persecuter chacun de
vous se plait, O-be-is-sez aux
Dieux, Eh bien mon choix est fait, Obeissez aux
Dieux, Eh bien mon choix est fait .
FIN